일과 직업에 대한 15가지 질문
나는 커서 어떤 일을 할까?

초판 1쇄 발행 2022년 3월 30일
초판 5쇄 발행 2025년 7월 30일

글·그림 미케 샤이어 옮김 김영진
발행인 양원석 발행처 (주)알에이치코리아(등록 2004년 1월 15일 제2-3726호)
본부장 김문정 편집 박진희, 김하나, 정수연, 고한빈 디자인 조은영, 김민 외주디자인 효효스튜디오
해외저작권 안효주 마케팅 안병배, 명인수, 최유성, 김연서 제작 문태일, 안성현
주소 서울시 금천구 가산디지털 2로 53, 20층(한라시그마밸리)
편집 문의 02-6443-8921   도서 문의 02-6443-8800
홈페이지 rhk.co.kr   블로그 blog.naver.com/randomhouse1
인스타그램 @junior_rhk   페이스북 facebook.com/rhk.co.kr

ISBN 978-89-255-7878-1 (77300)

ALLES ARBEIT ODER WAS?! By Mieke Scheier
Copyright © 2021 Beltz & Gelberg, in the publishing group Beltz-Weinheim Basel
Korean translation © 2022 by RH Korea Co., Ltd.
All rights reserved.
Korean language edition published by arrangement with Julius Beltz GmbH&Co. KG
through MOMO Agency, Seoul.

이 책의 한국어판 저작권은 모모 에이전시를 통해 저작권사와 독점 계약한 (주)알에이치코리아에 있습니다.
저작권법에 의해 한국 내에서 보호받는 저작물이므로 무단 전재와 복제를 금합니다.

서체 봉숭아틴트 저작권자는 유토이미지(UTOIMAGE.COM)입니다.

※ 제조자명 (주)알에이치코리아 | 제조국명 대한민국 | 사용연령 4세 이상
※ 종이에 손이 베이거나 모서리에 다치지 않게 주의하세요.
※ 책을 던지거나 떨어뜨리지 않게 주의하세요.
※ 잘못 만들어진 책은 구입하신 곳에서 바꾸어 드립니다.

나는 커서
어떤 일을 할까?

일과 직업에 대한
15가지 질문

미케 샤이어 글·그림   김영진 옮김

주니어 RHK

아침에는 왜 이렇게 바쁠까요?

옷도 입어야 하고, 아침도 먹어야 하고, 이도 닦아야 하거든요.
그다음엔 가방을 싸고, 간식으로 먹을 샌드위치도 챙겨야 해요.
밖에서는 이른 아침부터 이런저런 소리가 들려요. 누군가를 크게 부르는 소리,
자동차들이 빵빵거리는 소리, 멀리서 삐뽀삐뽀 사이렌 소리도 들리네요.
가는 길에 빵집에 들러서 초코칩 머핀을 사고 싶은데 아직 남아 있을까요?

다들 어디에 가는 걸까요?

아침에는 거리에 사람이 정말 많아요. 걸어가는 사람도 있고, 자전거나 킥보드, 자동차를 타고 가는 사람도 있어요. 바쁘게 움직이는 사람들이 더 많지만, 느긋하게 하루를 시작하는 사람들도 있어요. 아이들은 어린이집이나 학교에 가고, 어른들은 대개 일을 하러 가요.

어떤 일들이 있을까요?

사람들이 하는 일은 정말 다양해요. 일하는 모습을 보면
무슨 일을 하는 사람인지 바로 알아볼 때도 있지만,
그러지 못할 때도 있어요. 어떤 일은 특별한 옷이나 도구가
필요하기도 해요. 얼핏 보면 일이 아닌 것처럼 보이는 일도 있지요.

사람들의 말을 귀담아듣고
함께 이야기를 나눠요.

신분증을
만들어 줘요.

홈페이지를 만들어요.

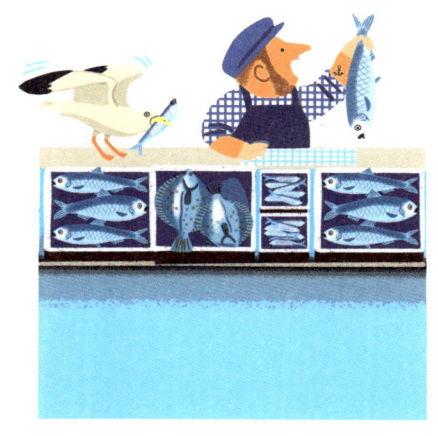

직장이 뭘까요?

대부분의 사람들은 집에서 일하지 않아요. 대신 직장에 가지요. 직장은 '사람들이 일하는 곳'이에요. 세상에는 여러 가지 직업이 있기 때문에 직장의 모습도 다 달라요.

이게 다 직장이야?

아주 작은 곳도 있고

아주 큰 곳도 있어요.

긴 곳도 있고

짧은 곳도 있지요.

물에 떠 있는 직장도 있고

어마어마하게 빠른가 하면

달리는 직장도 있어요.

아주 느리기도 해요.

어떤 일을 하는지 바로 알아볼 수 있는 곳도 있고

알 수 없는 곳도 있어요.

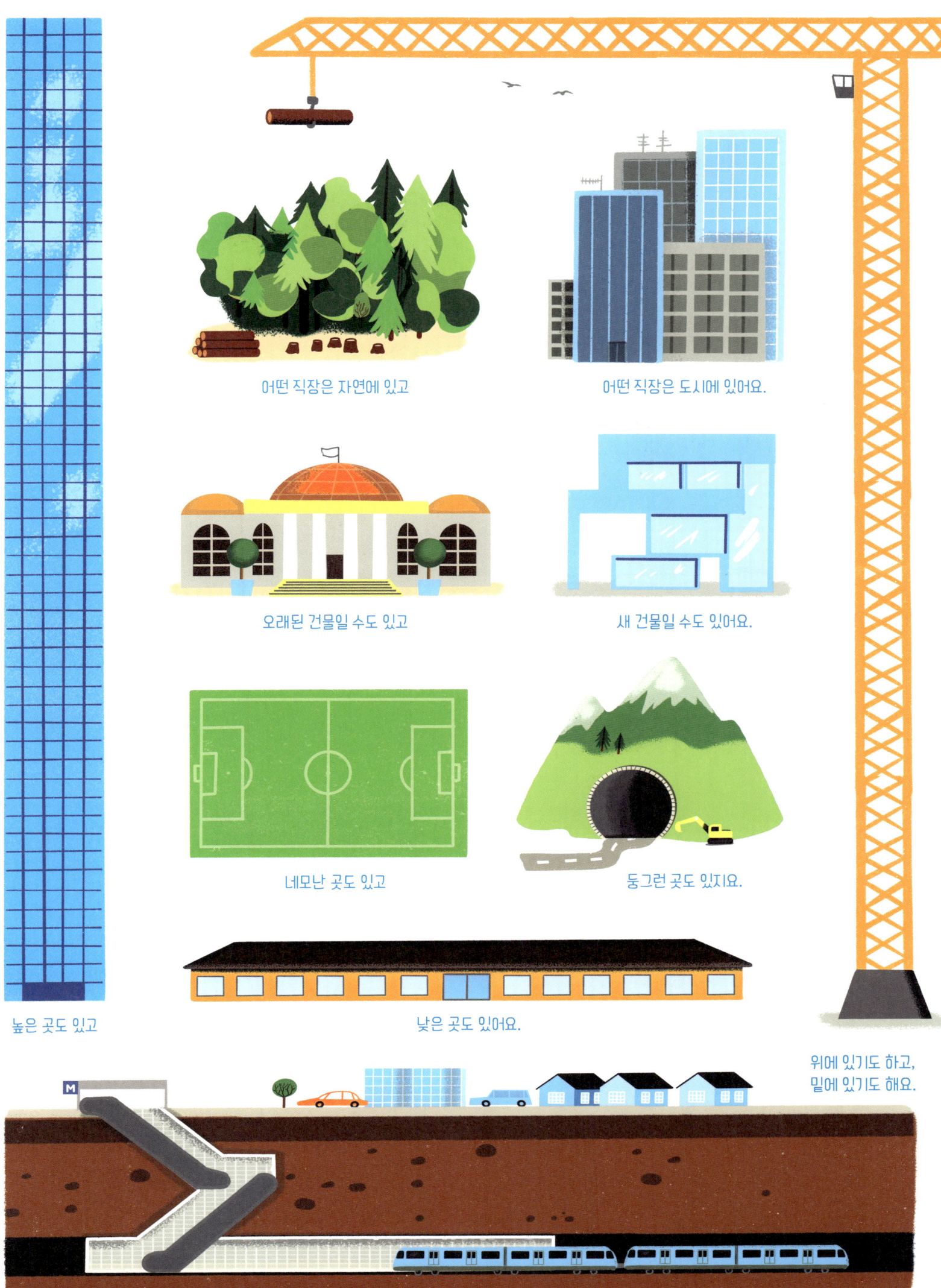

언제부터 일을 했을까요?

지금과는 완전히 다른 모습이었지만, 석기 시대* 사람들도 일을 했어요.
그때는 살아남기 위해 필요한 것들을 모두 직접 만들어야 했지요.
또 가게에 가서 물건을 사는 대신 도구를 이용해 사냥과 채집을 했는데,
이 도구들은 석기 시대 사람들이 살아가는 데 큰 도움이 되었어요.

아이고, 힘들어!

최초의 도구는 돌로 만들어졌어요.

옛날에는 사냥을 해야 음식을 먹을 수 있었어!

와아아아아아!

*석기 시대 : 인간이 돌을 이용해 칼, 도끼 등 도구를 만들어 쓰던 시대

오늘날, 사람들은 옷과 음식을 사고 집세를 내고 취미 생활 등을 하기 위해 일을 하고 돈을 벌어요.
이렇게 돈을 받고 하는 일을 '유급 노동'이라고 해요.

일을 하고 → 그 대가로 돈을 받고

그 돈으로 물건을 사요.

돈이 모자라면 어쩌지…….

하지만 숙제하기나 방 치우기처럼 돈을 받지 않는 일도 있어요.

일을 하면 돈을 아주 많이 벌까요?

"나는 돈을 아주 많이 벌어요. 그만큼 책임감도 크답니다!"

"나도 무거운 책임감을 느끼고 있어요. 하지만 내가 버는 돈은 상대적으로 적어요."

"글쎄요, 우리한테는 돈이 그다지 중요하지 않아요."

"나는 돈을 잘 벌어요. 하지만 공부를 아주 오래 해야 했어요."

"나는 돈을 하나도 받지 않지만, 아주 뜻깊은 일을 하고 있어요!"

"돈이야 왕창 벌죠. 대신 스트레스가 이만저만이 아니에요!"

"아침 일찍부터 저녁 늦게까지 쉬지 않고 열심히 일하는데도 돈이 만날 모자라요."

"세상 곳곳을 돌아다니며 내가 경험한 것들의 가치는 돈으로 따질 수 없어요."

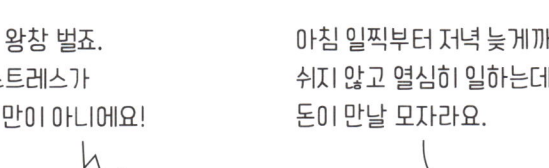
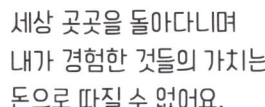

"열심히 일하고 있지만 프리랜서라서 벌이가 들쭉날쭉하죠."

"나는 내 일이 마음에 들어요. 월급도 꽤 괜찮은 편이에요."

"나는 아주 중요한 일을 하는데 그만한 대가를 받지 못하는 것 같아요."

"나는 사장이에요. 보통 직원들보다 돈을 더 많이 벌죠."

"나도 골을 넣는데 당신은 왜 나보다 돈을 훨씬 더 많이 받죠?"

"나는 학교에서 진짜 열심히 공부해요. 그런데 왜 돈을 안 줘요?"

"나는 여기 있는 사람들이 버는 돈의 최소 100배 정도 벌어요!"

일은 집에도 많아요. 보통 집안일이나 취미 활동을 한다고 해서
돈을 받지는 않아요. 집안일은 나와 가족의 행복을 위해,
취미 활동은 무언가를 배우거나 재미를 느끼기 위해 하지요.

진짜 모험 같은 일도 있을까요?

고층 빌딩 창문 청소원

다큐멘터리 제작자

직업 중에는 여행을 다니며 해야 하는 일,
사람이 살지 않는 곳에서 해야 하는 일도 있어요.
심지어 지구를 떠나야 하는 일도 있지요!
어둠을 무서워하거나 어지럼을 많이 느끼면
안 되는 일도 있어요.

극지 과학 연구원

사무실에서는 어떤 일을 할까요?

사무실에서는 사람들이 어떤 일을 하는지 한눈에 알기 어려워요. 여기서는 컴퓨터 자판이 탁탁거리고, 전화벨이 따르릉 울리고, 복사기가 쉴 새 없이 돌아가지요. 사무실은 다 비슷해 보이지만 그곳에서 하는 일은 저마다 달라요. 집 짓는 일을 계획하는 건축 사무실도 있고, 회사에서 사용한 돈을 꼼꼼하게 계산하는 회계 사무실도 있어요. 학교에서 학생들에게 무엇을 가르칠지 연구하는 사무실도 있답니다.

계획을 세워요.

복사기 버튼을 잘못 눌렀네요.

중요한 회의를 해요.

오늘은 일하기 싫어요.

앞으로 해야 할 일을 동료에게 설명해 줘요.

상한 음식을 먹어서 배탈이 났어요.

점점 참기가 힘들어요.

휴가가 어땠는지 이야기해요.

일이 즐겁지 않으면 어떻게 하죠?

일을 하면 아주 즐거워요. 새 친구를 사귈 수도 있고,
굉장한 모험을 하게 될 수도 있거든요. 쓸모 있는 물건을 만들어서
다른 사람을 돕거나 기쁘게 할 수도 있지요.
하지만 일이 더 이상 즐겁지 않을 때도 있어요. 예를 들면……

일이 너무 힘들 때

일이 너무 많을 때

상사가 아주 못된 사람일 때

지금 하는 일 말고
완전히 다른 일을 하고 싶을 때

늘 시간에 쫓길 때

같이 일하는 사람들에게 따돌림을 당할 때

더는 못 참아!

사람들은 일하는 시간 외에
휴식을 취하거나 취미를 즐길
충분한 시간이 필요해요.
가족이나 친구와 보낼 시간도
필요하지요.

어른들만 일을 하나요?

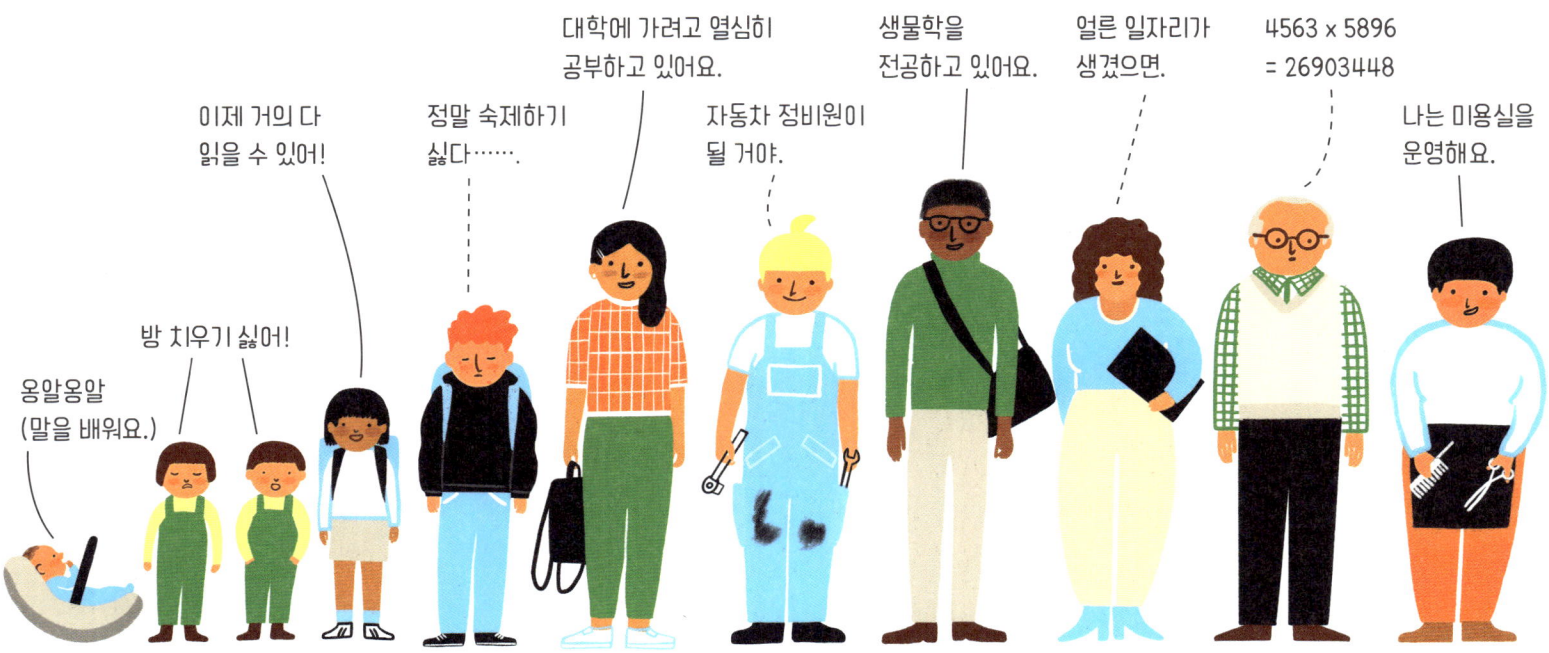

- 옹알옹알 (말을 배워요.)
- 방 치우기 싫어!
- 이제 거의 다 읽을 수 있어!
- 정말 숙제하기 싫다…….
- 대학에 가려고 열심히 공부하고 있어요.
- 자동차 정비원이 될 거야.
- 생물학을 전공하고 있어요.
- 얼른 일자리가 생겼으면.
- 4563 x 5896 = 26903448
- 나는 미용실을 운영해요.

일에는 누구나 다 하는 일과 돈을 벌기 위해 하는 일이 있어요.
집 정리나 방 청소, 공부는 누구나 다 하는 일이에요.
어린이는 이런 일만 해야지, 돈을 벌기 위해 일을 해서는 안 돼요.
모든 어린이들은 어린이로서 누려야 할 권리가 있거든요.
예를 들면 어린이는……

학교에 가서 공부하고,

쉴 수 있어야 해요.

또 충분히 놀 수 있어야 하지요.

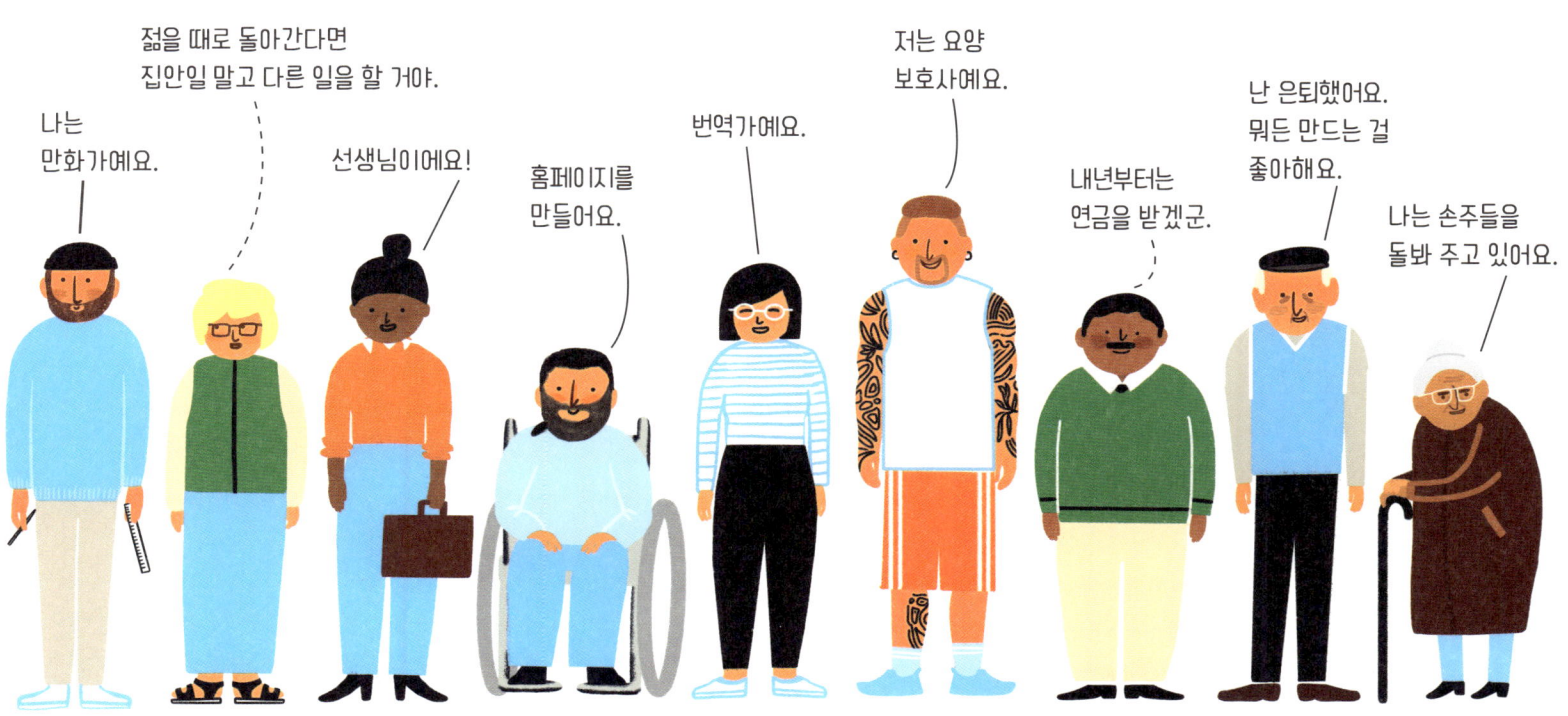

하지만 이 세상에는 가난한 나라도 많아요.
그런 나라에서는 어른뿐 아니라 아이들도 일을 해서 돈을 벌어야
가족 모두가 먹고살 수 있기도 해요.

정말 불공평해!

일을 하느라 학교에 다니지 못하면
교육을 제대로 받을 수 없어요.
나중에 원하는 일자리를 찾거나
즐겁게 일할 수 있는 직업을
갖기 어려울 수도 있어요.

일이 너무 힘들어서
병이 나는 아이들도 많아요.

조림원은 나무를 심고, 벌목원은 나무를 베요.

트럭 운전기사가 통나무를 싣고 목재소로 가요.

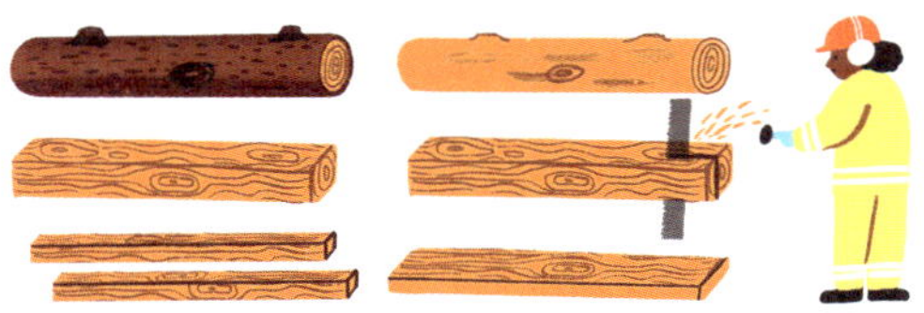

목재소 직원은 통나무를 다양한 모양으로 가공해요.

트럭 운전기사가 가공된 나무를 싣고 가구 공장으로 가요.

가구 회사에서 탁자를 만들려고 해요.

가구 디자이너가 탁자를 디자인해요.

가구 회사 직원이 재료로 쓸 나무를 주문해요.

가구 공장에서 한꺼번에 여러 개의 탁자를 만들어요.

직원들이 완성된 탁자를 포장해서 트럭에 실어요. 이 트럭은 가구점으로 가요.

가구점 직원은 손님들에게 가구의 특징을 설명해 주고 탁자를 판매해요.

탁자를 사는 사람은 나무, 나사, 접착제값만 내는 게 아니에요. 탁자를 만들고 팔기 위해 일한 모든 사람의 작업 비용을 전부 내는 거랍니다.

사실 물건을 만들어 파는 일은 이보다 훨씬 복잡해요.
물건 대부분이 한 나라에서만 만들어지지 않아요.
물건 하나를 만들기 위해 세계 각지의 사람들이 함께 일하고,
이렇게 만들어진 물건이 우리나라 가게에 진열되기까지
재료와 완성품은 아주 먼 거리를 여행하지요.
물건을 고를 때는 노동자가 위험한 환경에서 일한 것은
아닌지, 정당한 임금을 받았는지, 아이들의 노동으로
만들어진 것은 아닌지 등을 살펴보는 것이 중요해요.
하지만 이런 정보를 확인하고 물건을 구입하는 것이
쉬운 일은 아니에요.

일이 없어질 수도 있을까요?

세월이 흐르면서 일도 많이 변했어요.

옛날에 중요했던 직업들 가운데 오늘날에는 찾아보기 어렵거나 아예 사라진 것들도 많아요.

점등원

칼갈이

파발꾼

어떤 일들은 많이 달라졌어요.

700년 전에는 책을 이렇게 만들었고,

70년 전에는 이렇게 만들었고,

지금은 이렇게 만들어요.

게다가 요즘에는 사람들이 하던 일을 기계가 대신하는 경우가 많아졌어요.

덕분에 일의 속도가 훨씬 빨라졌지요.

시간이 흐르면서 우리의 요구나 바람도 많이 달라졌어요.

요즘에는 일할 때 기계가 아주 중요한 역할을 해요.

어린이책을 써요.

새 공구를 주문해요.

계산 문제를 풀어요.

은행에서 일해요.

웹툰의 그림을 그려요.

인터넷이 전 세계 사람들을 연결해 주고 함께 일할 수 있게 도와줘요.

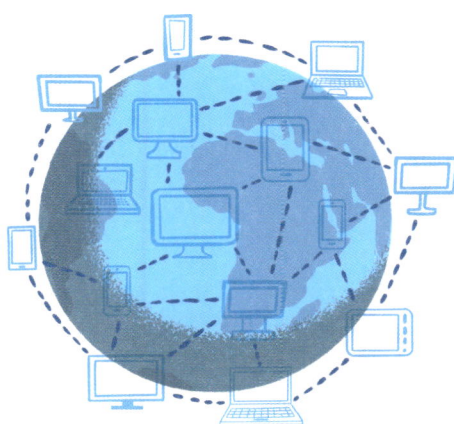

인터넷 덕분에 사람들은 이동하면서도 일을 할 수 있어요.

예전에는 사람이 하던 일을 이제는 로봇이 하는 경우도 많아요.

어떤 사람들은 똑똑한 로봇들이 모든 일을 대신하게 될까 봐 걱정해요. 그렇게 되면 사람들이 일자리를 잃어버릴 테니까요.

일이 완전히 사라지지는 않을 거예요. 하지만 발명이나 새로운 도구, 기계 때문에 일이 변하는 것은 분명해요. 사람들이 계속 새로운 것을 원하기 때문이지요.

누구나 일을 할까요?

시대가 바뀌어 어떤 일이 필요 없어지거나 기계가 그 일을 대신하게 되면
사람들은 일자리를 잃게 되고, 새 일자리를 찾는 데 어려움을 겪어요.
일하던 가게가 문을 닫아도 마찬가지예요.

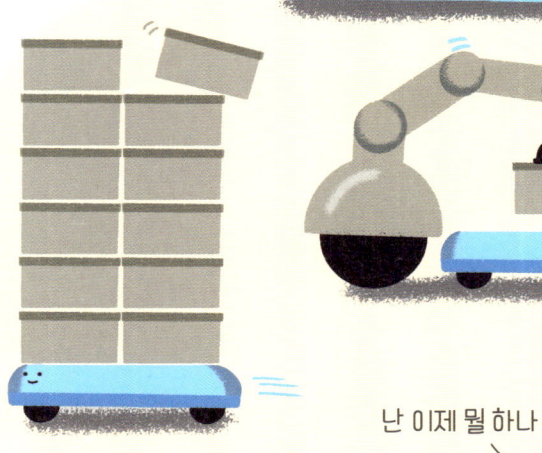

일이 없는 사람은 일하는 사람에 비해 시간이 많아요.
시간이 많다고 항상 즐거운 건 아니에요.
심심하거나 지루할 때도 있고,
때로는 친구들과 멀어진 듯한 느낌을 받기도 해요.

대부분의 사람들은
일자리를 잃으면
슬퍼해요.

"우리 회사에 자리가 하나 났어요!"

누구나 일자리를 잃을 수 있어요.
그럴 때 사람들은 새 일자리를 찾기 위해
인터넷이나 신문에 난 채용 공고를 찾아봐요.
일자리가 생겼다는 소식을
우연히 듣는 경우도 있지요.

"가게를 차리려고 하는데, 지원을 받고 싶어서 왔어요."

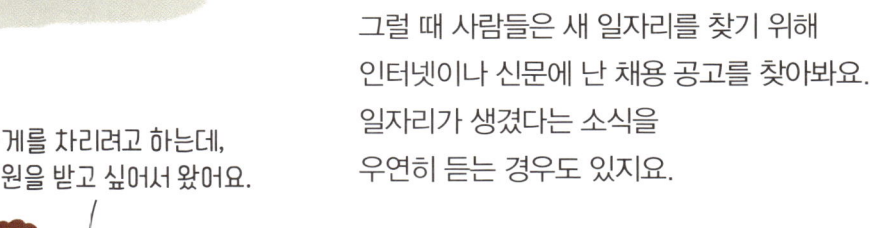

"이번 달 월세는 어떻게 내지?"

이외에도 사람들이 직업을 구할 수 있게
도와주는 사무실이 있어요.
당장 벌이가 없는 사람들도
일자리지원센터, 창업지원센터 등에서
도움을 받을 수 있어요.

"직업 교육을 좀 받으려고요!"

"올해는 아무 데도 놀러 못 가는 거야?"

"아무도 날 원하지 않아……."

지금까지 하던 일 말고 다른 일을
하고 싶어서 새로운 것을 배워야 할 때,
가게를 차리고 싶을 때도 이곳에서
상담과 지원을 받을 수 있어요.

"직업 교육을 다시 받아서 유치원 교사가 되고 싶어요!"

어떻게 일을 배울까요?

누구든 자신이 하고 싶은 일을 스스로 결정할 수 있어야 해요.
하지만 항상 그랬던 것은 아니에요. 옛날에 여자들은 대학에 갈 수 없었어요.
한 집안의 남자들이 모두 같은 일을 해야 했던 때도 있었지요.

직업 학교와 작업 현장에서
동시에 일을 배우기도 해요.
직업 학교에서는 일과 관련된 과목을
공부하고, 작업 현장에서는 실제로
일을 하며 배우는 것이지요.

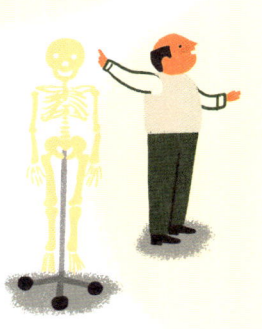 

공부를 많이 해야
할 수 있는 일도 있어요.

어떤 일은 직접 하면서 익혀야 해요.
기발한 생각이 떠올라서
그 일을 시작하는 사람들도 있어요.
그러면서 새로운 직업이 생겨나기도
한답니다!

무슨 뜻일까요?

급한 불을 끄다
누가 "오늘 급한 불 끄느라 바빴어."라고 하면
'급한 일을 처리했다'는 뜻이에요.
불과는 아무 상관 없어요!

뼈 빠지게 일하다
일을 너무 많이 해서 진짜 뼈가
빠졌다는 말이 아니라
'아주 열심히 일했다'는
뜻이에요.

땡땡이치다
'학교나 직장에 가지 않는다'는 뜻으로,
꾀를 부려서 공부나 일을 열심히 하지 않는 것을 말해요.

뒷거래하다
뒤에서 옳지 않은 방법으로
거래하는 거예요.
이런 거래를 하는 사람을
'뒷거래꾼'이라고 해요.

시시포스의 돌
시시포스는 그리스
신화에 나오는 인물이에요.
신을 속인 죄로 커다란 돌을
가파른 산꼭대기까지 올려야
했지요. 하지만 경사 때문에 돌이 계속
아래로 굴러떨어졌어요. 늘 처음부터 다시
시작할 수밖에 없었지요. 따라서 '시시포스의 돌'이란
'해도 해도 끝날 것 같지 않은 고된 일'을 말해요.

은퇴
나이가 들어 다니던 직장을 그만두고 쉬는 것을
'은퇴'라고 해요. 요즘에는 젊은 나이에
은퇴하는 사람도 있답니다.

퇴근
직장에서 하루 일을 끝내고 집에 가는 것을 '퇴근'이라고 해요. 퇴근하면 친구들과 즐겁게 놀거나 집에서 다리를 쭉 뻗고 편히 쉴 수 있어요.

교대 근무
병원, 경찰서, 버스, 지하철 등 늦은 밤과 새벽 시간에도 일해야 하는 직장이 있어요. 여기서는 한 사람이 온종일 일하지 않도록 근무 시간을 나눈답니다. 대부분은 아침이나 저녁에 근무를 교대해요.

사표를 쓰다
'하던 일을 그만둔다'는 뜻이에요. 사표를 쓰는 이유에는 여러 가지가 있어요. 더 이상 일이 재미없거나, 일 때문에 스트레스를 너무 많이 받거나, 다른 일을 배우고 싶을 때, 다른 곳에서 일하게 되었을 때 보통 사표를 쓰지요.

재택근무
'집에서 일하는 것'을 말해요. 사무실에서 할 일을 집에서 하는 거지요.

자원봉사
자원봉사는 돈을 받지 않고 사회나 공공의 이익 또는 다른 사람을 위해 자발적으로 일하는 거예요. 보통 다른 사람을 돕거나 환경, 동물들을 보호하기 위해 자원봉사를 해요.

시계추처럼 집과 회사만 왔다 갔다 하다
특별하고 새로운 일 없이 아침에 직장에 갔다가 저녁에 집으로 돌아오는 일을 반복할 때 흔히 시계추에 비유하여 이렇게 말해요.

이 책을 만들기까지 일을 아주 많이 했어요!

미케 샤이어 이 책에 글을 쓰고 그림을 그렸어요. 어릴 때부터 늘 종이와 연필을 가지고 다녔지요. 한때는 선생님, 탐정, 배우를 꿈꿨지만, 지금은 일러스트레이터가 되어 즐겁게 일하며 살고 있어요. 갈매기 소리와 기차 소리가 들리는 독일 함부르크의 작업실에서 일을 하고 있어요. 일할 때는 컴퓨터, 그림 작업용 태블릿, 휴대 전화, 펜, 메모용 종이가 필요하지요. 일을 마치고 나서는 조깅, 요리, 게임 등을 하거나 자전거를 탄답니다.

이 책을 열심히 만들어 주고, 항상 좋은 제안을 해 준 슈테피, 인내심을 가지고 마지막 세부 작업을 도와준 리시, 언제나 나를 지켜봐 주는 엄마와 언니, 끊임없는 지지와 격려를 해 주는 프리돌린과 놀라, 재치 있는 아이디어를 주고 늘 칭찬해 주는 도도, 다각적인 시각으로 작품을 봐 주고 내게 위기가 찾아올 때마다 응원해 주는 마리카, 탄야, 모네, 율리안, 한나, 이네, 작품을 세심하게 살펴보고 날카로운 지적을 해 주는 베르트, 끊임없이 의견과 아이디어를 주는 장미길 사람들 그리고 언제나 나를 이해해 주고 배려해 주는 헬렌과 엘리자에게 고마움을 전합니다.

김영진 이 책을 한국말로 옮겼어요. 어려서는 마술사가 되는 것이 꿈이었지만, 지금은 어린이책 번역가가 된 것을 천만다행으로 생각하고 있어요. 집에 작은 작업실이 따로 있지만, 보통 냉장고 모터 소리가 들리는 부엌에 앉아 일해요. 일하다가 생각이 막히면 커피도 한 잔 얼른 마실 수 있고, 계속해서 뭔가를 집어 먹을 수도 있거든요. 일할 때는 노트북, 휴대 전화, 연필, 종이뿐 아니라 인터넷이 꼭 필요해요. 번역하다 보면 찾아봐야 할 게 한두 가지가 아니거든요. 일할 때 계속 앉아만 있어서 이제부터는 운동도 열심히 할 거예요.

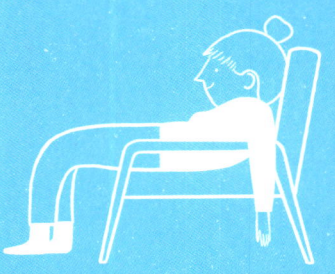